ESENCIA CÓSMICA

SAGITARIO

Leo Kabal

Editorial ☉ Creación

Temática: Astrología, Horóscopo, Angelología
Colección: Esencia Cósmica
© Leo Kabal
© Editorial Creación
   Jaime Marquet, 9
   28200 - San Lorenzo de El Escorial
   (Madrid)
   Tel.: 91 890 47 33
   http://www.editorialcreacion.com
   http://editorialcreacion.blogspot.com/

Diseño de portada: Mejiel

Primera edición: mayo de 2013
ISBN: 978-84-15676-34-8
Depósito Legal: M-14525-2013

CONTENIDO

INTRODUCCIÓN

Saber hoy a ciencia cierta cuándo empezó la Humanidad a interesarse por los astros y cuáles fueron las bases de lo que se conoce como Astrología, es una tarea difícil, por no decir imposible.

No obstante, cuando miramos hacia atrás en el tiempo intentando buscar un origen, encontramos que la mayoría de los pueblos de la antigüedad tenían muy en cuenta las posiciones planetarias a la hora de tomar decisiones importantes. Todo el mundo creía en ella y los reyes tenían a sus propios astrólogos, a los que consultaban para tomar las decisiones relevantes.

Aunque la ciencia astrológica se remonta más atrás en el tiempo, los doce signos astrológicos, tal como los conocemos hoy, aparecieron en Babilonia, en el siglo V a. C. Este sistema consiste en la división del cielo en doce partes iguales de 30 grados cada uno.

Pero signos y constelaciones no son lo mismo, aunque muchos hayan querido confundir los términos para desacreditar a los astrólogos y la Astrología. Expliquemos la diferencia.

La Eclíptica es el círculo imaginario que atraviesa el Sol en su recorrido anual aparente alrededor de la Tierra, aunque en realidad se trata de una proyección en los cielos de la linea imaginaria que dibuja la Tierra en su movimiento de traslación (recorrido anual alrededor del Sol).

A un lado y otro de la Eclíptica hay una franja celeste denominada Zodiaco, dentro de la cual permanecen el Sol, la Luna y los planetas. En esta franja hay doce constelaciones cuyos nombres son los mismos que el de los doce signos. Pero a diferencia de los signos, las constelaciones tienen una longitud desigual, es decir, no miden 30 grados cada una, sino que unas miden más y otras, menos.

Hay algunos astrólogos que afirman que primero fueron los signos y después vinieron las constelaciones. Es decir, los signos fueron dados a la humanidad primitiva por inspiración. Después, el hombre buscó algo semejante en los cielos y encontró las constelaciones.

Sea como fuere, lo importante es que los signos astrológicos y las constelaciones de estrellas no son lo mismo. Los signos son sectores del Zodiaco de 30 grados cada uno y las constelaciones tienen una longitud diferente. Además, debido a la precesión de los equinoccios, tampoco coinciden en el comienzo de la primavera, cuando el Sol cruza el ecuador celeste, sino que, en ese punto, el Sol cruza el grado cero de Aries en lo referente a los signos, mientras que en lo referente a las constelaciones, varía. Ese es el motivo de que cuando el Sol se encuentra en el signo de Aries, actualmente lo hace en la constelación de Piscis. Es también la base para afirmar que la Humanidad está actualmente en la Era de Piscis y camina hacia la Era de Acuario.

Pero en lo referente a los signos, esto no debe preocuparnos, ya que siguen siendo los mismos, y las fechas en las que rigen cada uno de ellos permanecen invariables.

Según algunos astrólogos modernos, la Astrología no es solo un sistema de predicción, sino que comprende la esencia cósmica de la cual todos nos nutrimos tanto material como espiritualmente. De hecho, los nombres de los doce signos corresponden a doce entidades espirituales que se ocupan de hacernos llegar la energía con la que construimos y desarrollamos nuestra existencia.

En el principio de los tiempos, al iniciar la creación de nuestro Sistema Solar, Dios trazó un espacio, de donde tomó la esencia para que su obra creciera y se multiplicara. Este espacio es conocido con el nombre de Zodiaco. De este Zodiaco procede la esencia que ha dado forma a todo lo que existe hoy en nuestro Sistema Solar, incluidos nosotros.

De lo que antecede podemos deducir que el Zodiaco es mucho más importante de lo podría parecer a primera vista, pues sin él no existiría nada en nuestro universo solar.

Vemos así que el Zodiaco marca la evolución de la Humanidad a través de los signos conocidos como Aries, Tauro, Géminis, Cáncer, Leo, Virgo, Libra, Escorpio, Sagitario, Capricornio, Acuario y Piscis. Cada individuo debe renacer constantemente en los distintos signos para evolucionar mediante las vivencias que cada uno le aporta.

Así, en el sentido cósmico, cuando nacemos en Aries, traemos al mundo un nuevo designio divino, un proyecto original, que iremos desarrollando a través de las distintas etapas, es decir, en las distintas encarnaciones por las que hemos de pasar. La rueda astrológica se convierte así en la rueda de los renacimientos a través de los cuales evolucionamos desde la inconsciencia hacia la omnisciencia. La meta es convertirnos algún día en dioses creadores. El orden evolutivo sigue un orden distinto del de la rueda astrológica, que como sabemos es Aries, Tauro, Leo, etc., hasta Piscis.

En el orden cósmico primero es el Fuego: Aries, Leo y Sagitario. Segundo, el Agua: Cáncer, Escorpio y Piscis. Tercero, el Aire: Libra, Acuario y Géminis. Y por último, la Tierra: Capricornio, Tauro y Virgo.

Este sería el orden lógico en la evolución. O sea, primero encarnaríamos en los signos de Fuego, luego en los de Agua, etc. Y, al llegar al último signo de Tierra: Virgo habríamos culminado nuestra evolución y adquirido todas las experiencias necesarias para llegar a ser dioses creadores. Pero este orden fue roto porque los hombres no fuimos capaces de asimilar las energías divinas tal como se nos iban proporcionando. De esta forma, unas veces fuimos hacia adelante y otras hacia atrás, unas veces avanzando y otras quedándonos rezagados.

Por este motivo, tenemos que culminar varios ciclos desde Aries a Virgo antes de alcanzar la perfección, pero ahora ya no seguimos el orden primordial: Fuego, Agua, Aire y Tierra, sino que, debido al estancamiento en algunas etapas, tenemos que volver a ellas de nuevo. Por eso, en una encarnación podemos nacer en Aries, mientras que en la siguiente lo hacemos en Tauro o Libra, dependiendo de los trabajos pendientes de realizar que hayamos dejado en el camino.

El signo del horóscopo bajo el cual hemos nacido marca únicamente el lugar del sol en nuestra carta natal. Para un estudio más profundo, cada lector debe recurrir a la interpretación de su carta astral completa, porque ella le descubrirá muchos más aspectos de su personalidad y su trabajo en la vida presente que el estudio simple del signo bajo el cual ha nacido. Aunque sin duda el sol en un horóscopo marca el lugar donde se instala nuestro Yo en la presente encarnación para poder llevar a cabo su programa de vida marcado por las demás tendencias de nuestra carta de nacimiento. Por ese motivo, cualquier estudio sobre él es de la máxima importancia. Más adelante, si el lector lo desea, podrá estudiar su carta con profundidad y desarrollar su potencial en todos los aspectos. Mientras tanto, le ofrecemos este pequeño estudio para que pueda conocerse un poco más y aprenda a conducirse de acuerdo con la energía de los astros para hacer su vida un poco más llevadera.

Acuario
Capricornio
Sagitario
Piscis
Escorpio
Aries
Libra
Tauro
Virgo
Géminis
Leo
Cáncer

SAGITARIO

23 de noviembre al 21 de diciembre

Acercar el Cielo a la Tierra

Elemento: Fuego

Símbolo: ↗

Color: Azul

Planeta regente: Júpiter

Gemas: Turquesa, Turquenita

Metal: Estaño

Día de la semana: Jueves

Números de la suerte: 3 y 9

Imagen medieval de Sagitario.
(Libro de Horas del siglo XIV).

Imagen medieval Júpiter, planeta regente de Sagitario.
De Sphaera.

SÍMBOLO DE SAGITARIO
Y JÚPITER

↗ ♃

El símbolo de Sagitario se representa con una flecha que apunta hacia el cielo: ↗, la cual simboliza el afán por las cosas elevadas, lugar al que debe apuntar el hombre.

Su planeta regente es Júpiter, que se dibuja mediante un semicírculo sobre una cruz ♃ El semicírculo representa al alma; y la cruz, a la materia.

El semicírculo sobre la cruz nos da la idea del lugar donde debe situarse el alma, o sea, sobre la materia o por encima de ella. El bien común debe predominar sobre el egoísmo y los deseos mundanos o materiales.

La flecha apuntando hacia el cielo se une, además, al símbolo del centauro, lo que nos informa de la doble naturaleza de este signo: mitad hombre y mitad animal. La humana apunta hacia arriba, hacia las estrellas, hacia lo espiritual; y la animal se centra más bien en las cosas materiales que satisfacen a su cuerpo físico.

Esta lucha entre lo espiritual y lo material será una constante en la vida de este signo. Los nativos más elevados dominarán de una forma más firme su naturaleza inferior y darán más importancia a las cosas espirituales; mientras que los menos elevados se inclinarán más bien por las cosas materiales.

ALEGORÍA

... Y era de mañana cuando Dios se puso ante sus doce hijos e implantó en cada uno la semilla de la vida humana, Cada hijo, uno a uno, dio un paso adelante para recibir el don que se le había destinado.

—SAGITARIO, a ti te pido que hagas reír al hombre, pues en medio de la mala comprensión de Mi Idea, a veces se llena de amargura. Mediante la risa darás esperanza a la humanidad, y a través de la esperanza harás que vuelvan sus ojos hacia Mí. Contactarás con muchas vidas, aunque sea por un momento, y conocerás la inquietud en todas las vidas con las que contactes. A ti, Sagitario, te doy el don de LA ABUNDANCIA INFINITA, para que las esparzas abundantemente y llegues a todos los oscuros rincones aportándoles luz.

Y Sagitario se volvió a situar en su lugar.

Entonces Dios dijo:

—Cada uno de vosotros tiene una parte de Mi Idea. No confundáis esta parte con la totalidad de Mi Idea, ni intentéis cambiaros las partes entre vosotros. Porque cada uno de vosotros es perfecto, pero eso no lo sabréis hasta que los doce seáis uno. En este momento, Mi Idea, en su totalidad, será revelada a cada uno de vosotros.

Y los hijos se fueron, decidiendo cada cual hacer su trabajo lo mejor posible, para poder recibir su don. Pero ninguno comprendió totalmente su tarea ni su don, y cuando volvieron confusos, Dios les dijo:

—Cada cual cree que los otros dones son mejores. Así, pues, os permitiré intercambiarlos.

Y, de momento, cada hijo se entusiasmó considerando todas las posibilidades

de su nueva misión. Pero Dios se sonrió
diciendo:

—Volveréis a mí muchas veces, pi-
diendo que os releve de vuestra misión, y
cada vez os concederé vuestro deseo. Pa-
saréis por incontables encarnaciones antes
de que cumpláis la misión original que os
he prescrito. Os concedo un tiempo ilimi-
tado para llevarlo a cabo, y sólo cuando lo
hayáis conseguido podréis estar conmigo.

PERSONALIDAD

Sagitario está regido por Júpiter, el planeta más benéfico y positivo del Zodiaco. Por tanto, los nativos de este signo administran de una u otra forma las energías que se desprenden de él. Son optimistas, sociables, alegres y espirituales. Son amantes de la diversión y de naturaleza amistosa, filosófica e intelectual

Sirven de modelo a seguir por su entusiasmo y su alegría de vivir, que contagian por doquier.

Quien está al lado de un Sagitario, nunca encuentra lugar para el aburrimiento y la negatividad, pues siempre tienen algo de qué hablar y de cualquier cosa sacan conversación.

Al estar representado por el centauro (mitad hombre y mitad caballo), existen en él dos naturalezas, una que, como hemos mencionado anteriormente apunta a las estrellas; y otra, al mundo material. Esto hace que pueda haber nativos de dos clases o que la misma persona se comporta de dos formas completamente distintas, dependiendo de la naturaleza que tenga más fuerza y domine en ese momento.

Los representados por la naturaleza animal del símbolo serán más materialistas y buscarán satisfacer sus necesidades sin importarles mucho la moral o las consecuencias de su manera de actuar.

En cambio, aquellos en que sea dominante la parte humana del centauro, orientarán su actuación de acuerdo con un código moral y una altura de miras increíble que los alejará considerablemente de los anteriores.

Si alternan las dos naturalezas en una misma persona, se debatirá en una lucha interior que lo llevará un día a ser respetuoso con la ley y la moral, y otro día, será inmoral y transgresor de las leyes. En definitiva, lo que haga y construya un día con la naturaleza elevada y espiritual, lo destruirá al día siguiente con su baja y materialista naturaleza.

Los Sagitario cuya naturaleza humana del centauro domine sobre la animal, serán los grandes relaciones públicas en los cuales todo el mundo confía. Sin casi proponérselo irán escalando puestos de responsabilidad en la sociedad hasta convertirse en sus verdaderos pilares.

La casa 9 que ocupa el signo en el Zodiaco tiene relación con la espiritualidad, la filosofía, el altruismo, los viajes largos y la filantropía.

Por eso suelen tener un carácter desprendido y caritativo y están siempre dispuestos a ayudar a cualquier movimiento altruista o ellos mismos fundan agrupaciones que tengan por objeto la ayuda al prójimo.

También suele realizar grandes viajes a lo largo de su vida, principalmente al extranjero. Le gusta la aventura y disfruta especialmente con las cosas diferentes.

Son excelentes oradores y les gusta este medio de expresión, ya que son muy buenos comunicadores, principalmente de temas relacionados con la filosofía y la espiritualidad. Tienen una excelente memoria y convierten sus disertaciones en una verdadera fiesta intelectual, manteniendo la atención del público hasta el final.

Su verdadera finalidad en la vida consiste en hacer la estancia más agradable a todos aquellos que tienen un trabajo duro que realizar en el mundo. Como dijimos al principio, tienen una gran tarea, que consiste en acercar el Cielo a la Tierra, en hacer agradable y alegre la vida de todos aquellos con los que se cruzan en el camino. Un trabajo, sin duda, elogiable, pues no cualquiera vale para realizarlo. Pero sí los Sagitario, pues su energía no desfallece ante los problemas de la vida, y siempre están dispuestos a sacar algo positivo de las cosas por muy negras que parezcan a simple vista.

CUALIDADES A DESARROLLAR

Optimismo.
Alegría.
Sociabilidad.
Franqueza.
Espiritualidad.
Filantropía.
Filosofía.
Entusiasmo.
Intuición.
Comprensión.

DEFECTOS A SUPERAR

Imprudencia.
Inquietud
Carácter variable.
Inconstancia
Pesimismo.
Charlatanería.
Impaciencia.
Exageración.
Gula.
Desenfreno.

AMOR Y COMPATIBILIDAD

Son entusiastas y cariñosos. Los vínculos afectivos y los compromisos demasiado rígidos no son para ellos; prefieren la aventura en el amor de pareja, pues les aburre soberanamente la rutina y hacen lo posible por salir de ella.

Sagitario necesita expansión y aventura y no se llevará bien con todo aquel que quiera restringirle su libertad e independencia.

La pareja de este signo ha de estar dispuesta a estar a su altura. Ha de vivir la relación como si se tratara de una hermosa aventura. Por ejemplo, no poner trabas a sus gustos y diversiones, mostrarse alegre, dinámico y divertido como él, y ser optimista y tomarse las cosas un poco a broma. Debe, además, estar dispuesto a seguir un tipo de vida divertida y, en ocasiones, un poco loca.

Los celos no son muy bien recibidos por este signo y los rechazará de plano, porque necesita expresar sus simpatías y, a menudo, puede parecer que flirtea con otras personas, lo que llevará a los celosos a mostrarse profundamente heridos ante cualquier relación de amistad con el sexo opuesto. Esto no será bien recibido por Sagitario y podría terminar con la relación de una forma drástica.

Sagitario suele ser, como hemos dicho, un personaje alegre, divertido y con sentido del humor. Rechazará, por tanto, a todos aquellos que sean demasiado ásperos y serios y no entiendan su sentido del humor, que, a veces, puede ser incluso un poco hiriente.

SAGITARIO - ARIES

Fuego y Fuego son dos elementos compatibles. Por tanto, puede ser una excelente combinación. Los dos aman la acción, la aventura y el gusto por viajar.

Sagitario es optimista, alegre y confiado, le gustan los viajes y los deportes, cualidades que se complementan perfectamente con la forma de ser de Aries: activo, impulsivo, atlético y lleno de energía. De esta forma, tienen muchas cosas en común y a los dos les encanta disfrutar de la vida.

En el amor los dos son bastante independientes, fogosos y apasionados, por lo que se entienden y se complementan perfectamente.

Para que esta relación perdure, sin embargo, deben otorgarse, el uno al otro, plena libertad de acción, sin coacciones ni imposiciones que los oprima, pues ninguno de los dos podría soportar semejante comportamiento por parte del otro.

SAGITARIO - TAURO

Son dos signos en principio incompatibles. Tauro es fijo, de Tierra (estable y práctico), y Sagitario es mudable de Fuego (expansivo y cambiante)

Tauro ama la estabilidad y es rutinario. No le gustan los cambios y es sedentario: Sagitario es más bien todo lo contrario: dinámico, ama los cambios o, incluso, los necesita, pues le ayudan a quitarse las tensiones y el estrés. El movimiento para él es necesario.

Lo que para Sagitario es una diversión, para Tauro puede convertirse en algo sufrible y tedioso.

En el amor, Sagitario es más fogoso y apasionado, lo que chocará con las necesidades de Tauro, que es más romántico y tranquilo. También Tauro puede resultar más celoso, cosa que irritará sobremanera a Sagitario.

Pueden, sin embargo, llevarse bien y llegar a una cierta armonía siempre que Tauro modere sus celos y permita cierta libertad a su pareja sin cortapisas ni trabas; y Sagitario, por su parte, debe entender la necesidad de Tauro por permanecer tranquilo y sin muchas convulsiones dinámicas.

SAGITARIO - GÉMINIS

Los dos son signos mudables, uno de Fuego y otro de Aire, dos elementos que en

Astrología combinan muy bien. Sagitario es el encargado de exteriorizar la moral, el bien común, y Géminis, el pensamiento, las ideas. Los dos son comunicativos y sociables. Encandilarán con su elocuencia al auditorio, que se lo pasará en grande escuchándolos.

No obstante, deben respetar los turnos de palabra, ya que los dos son muy habladores y, en múltiples ocasiones, puede que hablan a la vez y no se escuche bien el uno al otro.

Es esta una combinación que puede ir bien, ya que la monotonía nunca les alcanzará porque a los dos les encanta el cambio, lo distinto, lo novedoso.

Ambos pueden llegar a ser grandes oradores y la mezcla de los dos puede resultar en una buena atmósfera de intercambio de ideas. Además, los dos poseen un excelente humor, por lo que crearán un ambiente agradable en su entorno.

Los dos tienen necesidad de independencia y, en este sentido, respetará cada uno la libertad del otro, aunque esto no es óbice para permanecer unidos.

Se contarán todos los secretos, no dejando nada para el misterio, sino que en ellos reinará la mayor franqueza.

SAGITARIO - CÁNCER

Es una relación que, en principio, no combina, como no lo hace el Fuego y el Agua. Cáncer es hogareño y Sagitario no suele parar en casa.

Sagitario es un signo agitado, arriesgado, independiente. Siempre suele estar en movimiento. Le gusta el deporte. Necesita ir de aquí para allá gastando energía. No le gusta el sedentarismo, ya que se siente mal y puede, incluso, llegar a enfermar si se tira mucho tiempo encerrado en casa o en cualquier otro sitio.

Cáncer es más pacífico, tranquilo, sosegado, tiene verdadero apego por la familia y el hogar y no le gusta salir, ni el movimiento de aquí para allá.

Se comprenderá, por estas formas tan distintas de ser, que Cáncer y Sagitario no se complementan bien.

Si Cáncer cede a los gustos de su pareja, lo pasará mal. Así como si lo hace Sagitario.

Por tanto, para que estos dos signos se complementen bien, deben ceder cada uno una parcela de su modo de vida, es decir, Cáncer debe dejar a Sagitario salir, aunque él no vaya con él; y Sagitario debe entender que Cáncer no quiera ir con él sin enfadarse.

En el amor también puede haber problemas, ya que Sagitario es más fogoso que su pareja Cáncer. En este sentido, también encontrarán el entendimiento cuando se respeten mutuamente, lo que se conseguirá si hay verdadero amor y objetivos intelectuales o espirituales comunes.

SAGITARIO - LEO

Esta unión puede resultar excelente, ya que a los dos les gusta disfrutar de la vida y son optimistas, entusiastas y generosos.

Es una relación que sobresaldrá por su espontaneidad, sinceridad y comunicación. Los dos son idealistas y basarán la convivencia en agradarse mutuamente y también a los demás. Son altruistas y generosos y no les importan tanto los objetos materiales, sino más bien las personas y los ideales.

Un punto de fricción que deben superar será, sin embargo, un comportamiento dominante, por parte de Leo, y un exceso de independencia por parte de Sagitario.

Ninguno de los dos es rencoroso, por lo que, si tienen alguna discusión, pronto se les pasará el enfado y lo superarán con alegría y humor.

SAGITARIO - VIRGO

Esta relación agradará en principio a Virgo, ya que puede encontrar en su pareja aquello que a él le falta: ese entusiasmo por la vida y la alegría y felicidad, que traerán a su existencia un jarro de agua fresca para ayudarle a salir de la rutina de un mundo volcado en la materia y en el excesivo análisis de la realidad en el que se ve metido en su vida cotidiana.

Pero muy pronto habrá un choque de intereses, pues a su pareja, Sagitario, le gusta el riesgo, la aventura y vive despreocupado de los gastos y tareas de planificación, prudencia y cálculo que tanto interesan a Virgo. Tampoco llevará bien su carácter apocado y tímido, que, incluso, le puede parecer incomprensible.

En las ideas chocarán también, pues Sagitario es más idealista y espiritual, no le importa tanto la meticulosidad sino el mensaje de fondo. En cambio, Virgo se meterá en estudios y análisis interminables, que, a veces, harán imposible entender cuál es el mensaje que quiere explicar.

En el amor, Sagitario es más fogoso que Virgo, pues este último es capaz de soportar más tiempo sin muestras de cariño. Se muestra más frío y distante. Sagitario, en cambio, necesita más el contacto sentimental.

A todas luces es una relación que parecería, en principio, imposible. Sin embargo, puede llegar a cuajar si otros elementos del horóscopo resultan más favorables. Por ejemplo, el ascendente.

También resultará favorable que la pareja persiga un objetivo común, que Virgo entienda la independencia de Sagitario y le permita vivir una vida más libre, aunque él no le acompañe; y que Sagitario guarde hacia su compañero un amor y un respeto por su forma de ser, aunque no llegue a comprenderla.

SAGITARIO - LIBRA

Puede resultar una relación armónica, ya que Fuego y Aire se complementan bien.

Los dos signos se sentirán atraídos de forma inmediata, es decir, se caerán bien a primera vista.

A libra le cautivará el carácter franco, abierto y optimista de Sagitario. Le encantará su buen humor y su forma de ser comunicativa y sociable.

Por su parte, Sagitario estará encantado de encontrar un compañero que le entienda tan bien y comparta sus gustos y aficiones de forma tan clara.

En el amor, también puede haber flechazo a primera vista y pueden llegar a vivir momentos inolvidables. Aquí Libra, que parece un signo más racional, caerá en los brazos sagitarianos dejando a un lado la razón.

En resumen, una relación ideal si, además, comparten aficiones, ideas y valores.

SAGITARIO - ESCORPIO

Signos incompatibles y una relación un tanto difícil de imaginar. Escorpio es un signo fijo de Agua y Sagitario, mudable de Fuego.

Como signo fijo, Escorpio busca una relación duradera, mientras que Sagitario es más volátil y no se compromete tan fácilmente para toda la vida.

En la relación de pareja, Escorpio, una vez que la ha elegido, se lanza a por ella sin descanso hasta que la consigue. Cuando la consigue, su instinto posesivo y acaparador, le alejarán de Sagitario, quien se sentirá agobiado y dominado, cosa que no gustará a su espíritu libre e independiente. Por este motivo, cuando sienta que está siendo dominado y acaparado por su pareja, no parará hasta deshacerse de ella, pues este comportamiento de su pareja le irritará sobremanera. Una cosa que Escorpio no entenderá muy bien, ya que, para él, será como una cosa normal ir pegado a su pareja y agasajarla con constantes arrumacos.

Los dos caracteres son muy contrarios, pues, mientras Escorpio es introvertido, secreto, obstinada, crítico, cerrado y poco amante de las relaciones en grupo, Sagitario es todo lo contrario: franco, abierto, independiente, sociable...

Una relación armoniosa puede darse en personas evolucionadas que entiendan las necesidades de cada uno. Deberían hacer ambos un esfuerzo por entenderse. Cosa que harán si tienen verdadero amor el uno por el otro. Ser conscientes de que la pareja es distinta de como nosotros queremos que sea y respetar su forma de ser: esa debe ser la actitud permanentemente, pues si no, las dificultades pueden ser muy difíciles de superar.

SAGITARIO - SAGITARIO

Puede resultar una buena unión, ya que los dos comparten los mismos gustos y aficiones: los viajes, la aventura, los deportes...

Los dos se dirán las cosas a la cara y no se andarán con tapujos, lo que facilitará, sin duda, la relación en pareja. Serán francos el uno con el otro, pues es su carácter natural.

Al ser signos independientes y dejarse vivir cada uno una parcela de libertad en su vida en común, deben tener cuidado para no olvidarse el uno del otro y dedicarse a sus asuntos de una forma completa.

El exceso de idealismo que caracteriza a este signo también puede ser un asunto serio, ya que pueden olvidarse de las cosas prácticas y lanzarse a realizar sueños o quimeras inalcanzables o que requieren un alto coste económico. Esta forma de actuar, si no ponen medios antes de tiempo, puede llevarlos a la ruina económica y pasar, como consecuencia, serias dificultades sociales y de pareja, pues pueden tener tendencia a echarse la culpa mutuamente de semejante situación.

En el amor es una excelente combinación ya que, al ser ambos de naturaleza fogosa, conocerán sus necesidades sentimentales y sabrán satisfacerlas en cada momento.

SAGITARIO - CAPRICORNIO

A Sagitario lo rige el planeta Júpiter, el planeta generoso y expansivo del Zodiaco; y a Capricornio, Saturno, el restrictivo. Además, Sagitario es idealista y espiritual; y Capricornio se inclina un poco más hacia las cosas terrenas (Hablamos en general, ya que algunos tipos de Capricornio evolucionado son tremendamente espirituales y algunos Sagitario poco evolucionados, y que se identifican más con la parte animal del centauro, suelen ser más materialistas).

Podemos decir, no obstante, que en líneas generales, no son compatibles.

Al principio, Capricornio puede sentir que el carácter jovial de Sagitario le saca de su introversión y le alegra la existencia. Pero pronto llegará el choque. Capricornio no entenderá muy bien el sentido del humor de Sagitario, que a veces le parecerá hasta ridículo; y Sagitario no soportará la forma de ser introvertida de Capricornio.

La economía también será otro punto de fricción, ya que Sagitario no mirará los gastos, mientras que Capricornio los controlará con exceso.

Pueden llegar a entenderse si comparten los mismos ideales espirituales.

SAGITARIO - ACUARIO

Pueden llegar a tener muy buena relación, pues los dos comparten gustos y aficiones semejantes: los dos son independientes y respetan al otro concediéndole un espacio de libertad, sin restricciones ni posesividad.

En esta pareja es muy raro que se den los celos. Por lo tanto, la relación puede ser duradera si no se agobian con una convivencia en común demasiado presente, es decir, les irá mejor no verse tanto, que estar constantemente el uno junto al otro, ya que esto les resultará tremendamente monótono y aburrido.

No obstante, la falta de celos por parte de ambos signos puede llegar a entenderse, sobre todo por parte de Sagitario, que hay falta de interés y amor hacia él lo que podría provocar algún que otro conflicto, que conviene evitar con alguna demostración de cariño de vez en cuando.

A ambos le parecerá secundario el factor económico, por lo que no tendrán muy en cuenta los gastos, aunque Acuario administrará un poco mejore que Sagitario la economía familiar.

SAGITARIO - PISCIS

Puede ser que haya atracción, pues el misticismo de Piscis atraerá al Sagitario espiritual. El uno (Sagitario) es dinámico y positivo, mientras que el otro (Piscis) es más subjetivo y pasivo. De ahí la atracción. Sin embargo, sus temperamentos diferentes pueden crear algún que otro problema.

Por ejemplo, cuando Piscis se retire hacia su interior, cosa que hará muy a menudo, a Sagitario le parecerá que se le está excluyendo y no entenderá la necesidad de vivir en su interior que tiene Piscis, ya que a él le gustaría que estuviera siempre presente, en su mundo real y no en sus sueños interiores.

En la convivencia, Sagitario tomará las iniciativas y Piscis casi siempre estará de acuerdo, dado su carácter pasivo.

En el amor, los profundos sentimientos de Piscis cautivarán a Sagitario y si hay verdadero amor entre ambos, se entenderán mutuamente y la relación puede ser duradera, a pesar de las incompatibilidades del Agua y el Fuego.

SALUD

Sagitario rige las caderas, el coxis, el íleon, el fémur, las arterias, las venas iliacas, los nervios ciáticos y la región sacra de la columna vertebral. Así que, las aflicciones o malos aspectos de los planetas sobre este signo pueden llegar a producir las distintas dolencias que afectan a estas zonas del cuerpo:

Enfermedades del hígado.
Ciática.
Gota.
Ataxia locomotriz.
Reumatismo.
Problemas de circulación.
Enfermedades en las caderas.
Fracturas femorales
Rotura de huesos
Varices.
Obesidad.
Etc.

Por lo tanto, deberá tener especial cuidado con estas zonas de su cuerpo y prestarles más atención de lo normal, y no abusar sobrecargándolas o sobreexcitándolas.

Cuando se producen malos aspectos sobre Sagitario da lugar a todos los problemas relacionados con una mala administración de la energía jupiteriana, planeta que rige el signo. Si quiere evitarlos, debe tener especial cuidado y tomar conciencia de cómo está trabajando dicha energía. Por ejemplo, la mala administración de esta energía se traduce por un exceso de protagonismo del planeta Júpiter, llevando al individuo a comportarse con los defectos de Sagitario de manera habitual, que, como hemos visto anteriormente, son, entre otros, principalmente la exageración, la gula y el desenfreno, comportamientos que pueden dar lugar, en un futuro, a enfermedades relacionadas con el hígado y la obesidad.

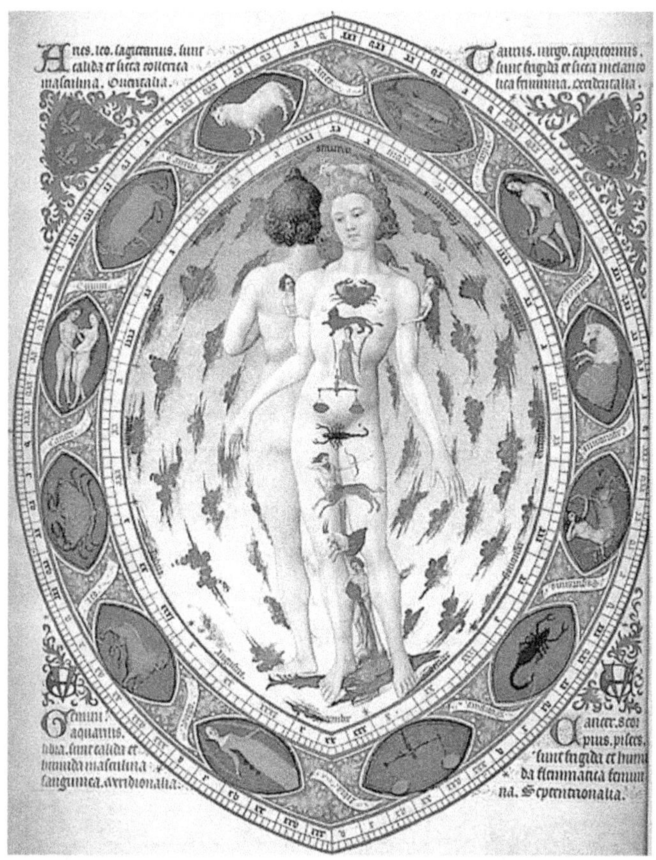

El hombre y el Zodiaco, de Paul Malouel, muestra las asociaciones de los Signos del Zodiaco con las distintas partes del cuerpo.

TRABAJO

Sagitario es un signo positivo al que le encanta disfrutar de la vida y se siente bien relacionándose con todo el mundo. Cuando Sagitario entabla relación con alguien, es como si le conociera de toda la vida. Como signo vital, dinámico y amante de los viajes y las relaciones, le irán bien todos los trabajos relacionados con este tipo de cosas.

Así pues, puede ser un alto funcionario, un buen diplomático, político, psiquiatra, juez, filósofo, explorador, misionero, deportista, filántropo, orador, corresponsal, relaciones públicas, conferenciante, psicólogo, intérprete, etc.

Los nueve Coros Angélicos se mueven en torno a la esfera central, que representa a la Divinidad.
Ilustración de Gustavo Doré para la obra *La Divina Comedia* de Dante Alligeri.

ÁNGELES DE SAGITARIO

La esfera del Zodiaco mide 360 grados de longitud, que se divide entre los doce signos del Zodiaco, dando como resultado un espacio de 30 grados de longitud a cada signo.

Dentro de estos 30 grados tienen su domicilio y radio de acción 6 ángeles conocidos en la Tradición como genios de la Cábala, a razón de 5 grados por ángel.

Con respecto al signo de Sagitario, los nombres de estos ángeles son los siguientes:

De 0 a 5 grados de Sagitario (23 al 27 de noviembre) rige el ángel llamado Vehuel.

De 5 a 10 grados de Sagitario (28 de noviembre al 2 de diciembre) rige el ángel llamado Daniel

De 10 a 15 grados de Sagitario (3 al 7 de diciembre) rige Hahasia.

De 15 a 20 grados de Sagitario (8 al 12 de diciembre) rige el ángel llamado Imamiah.

De 20 a 25 grados de Sagitario (13 al 17 de diciembre) rige el ángel llamado Nanael.

De 25 a 30 grados de Sagitario (18 al 22 de diciembre) rige el ángel llamado Nithael.

El nativo de Sagitario tendrá uno u otro ángel guardián dependiendo de la fecha en la que haya nacido dentro de este radio de acción. Con él podrán comunicarse en cualquier momento para pedirle que le ayude en su acción cotidiana y cumplir así con el objetivo de su Yo Superior.

VEHUEL, DEL 23 AL 27 DE NOVIEMBRE

Las enseñanzas y virtudes que proporciona este ángel durante la vida del nativo son las siguientes:

Exaltarse hacia Dios para bendecirlo y glorificarlo cuando se está prendado de admiración; convertirse en un gran personaje y obtener distinciones por su talento, su virtud y sus buenas acciones; alma sensible y generosa; distinciones en la literatura, la jurisprudencia y la diplomacia; vida sin penas y en paz; protección contra el odio, el egoísmo y la hipocresía.

La esencia de su programa es:

ELEVACIÓN O GRANDEZA. Y esta cualidad es la que más sobresaldrá durante toda la vida del individuo que haya nacido bajo su influencia.

Clave: *Volver la mirada hacia lo grande y elevado que hay alrededor.*

DANIEL DESDE EL 28 DE NOVIEMBRE AL 2 DE DICIEMBRE

Las enseñanzas y virtudes que proporciona este ángel durante la vida del nativo son las siguientes:

Misericordia de Dios y consolación; discernimiento entre justicia e injusticia; justicia y protección en los juicios; ayuda a los magistrados; ayuda para decidirse por algo; inspiración para los indecisos; buena mano en los negocios; elocuencia y gusto por la literatura; protección contra la tentación de vivir por medios ilícitos.

La esencia de su programa es:

ELOCUENCIA. Y esta cualidad es la que más sobresaldrá durante toda la vida del individuo que haya nacido bajo su influencia.

Clave: *Discernimiento para distinguir entre lo justo y lo injusto.*

HAHASIAH, DEL 3 AL 7 DE DICIEMBRE

Las enseñanzas y virtudes que proporciona este ángel durante la vida del nativo son las siguientes:

Elevar el alma a la contemplación de las cosas divinas y descubrir los misterios de su sabiduría; vocación para la Física y la Química; revelación de secretos de la Naturaleza, particularmente la Piedra Filosofal y la Medicina Universal; vocación y gusto por las ciencias abstractas; distinción en la medicina por sus curaciones maravillosas; descubrimientos útiles para la sociedad; protección contra los charlatanes, los que hacen bellas promesas que nunca cumplen y los que abusan de la buena fe.

La esencia de su programa es:

MEDICINA UNIVERSAL O PIEDRA FILOSOFAL. Y esta cualidad es la que más sobresaldrá durante toda la vida del individuo que haya nacido bajo su influencia.

Clave: *Sabiduría y discernimiento para descubrir la causa de las enfermedades*

IMAMIAH, DEL 8 AL 12 DE DICIEMBRE

Las enseñanzas y virtudes que proporciona este ángel durante la vida del nativo son las siguientes:

Anular el poder de los enemigos; protección en los viajes; protección de los prisioneros e inspiración de los medios para obtener la libertad; protección y ayuda a los que buscan la verdad de buena fe y reconocen sus errores sinceramente ante Dios; Paciencia y coraje en las adversidades; gusto por el trabajo y ejecución de lo que desea con facilidad; protección contra el orgullo, la blasfemia y las tendencias pendencieras.

La esencia de su programa es:

EXPIACIÓN DE ERRORES. Y esta cualidad es la que más sobresaldrá durante toda la vida del individuo que haya nacido bajo su influencia.

Clave: *Paciencia y coraje en las adversidades.*

NANAEL, DEL 13 AL 17
DE DICIEMBRE

Las enseñanzas y virtudes que proporciona este ángel durante la vida del nativo son las siguientes:

Inspiración para estudiar Altas Ciencias; ayuda a los eclesiásticos, los profesores, los magistrados y los hombres de ley; gusto por la vida privada, el reposo y la meditación; distinción por sus conocimientos en las ciencias abstractas; conseguir conocimientos trascendentes mediante la meditación; entender el lenguaje de los animales; protección contra la ignorancia y las malas cualidades.

La esencia de su programa es: COMUNICACIÓN ESPIRITUAL. Y esta cualidad es la que más sobresaldrá durante toda la vida del individuo que haya nacido bajo su influencia.

Clave: *Contemplación espiritual.*

NITHAEL, DEL 18 AL 22 DE DICIEMBRE

Las enseñanzas y virtudes que proporciona este ángel durante la vida del nativo son las siguientes:

Misericordia de Dios y larga vida; ayuda en las peticiones que se dirijan a los altos mandos: reyes, príncipes y personalidades civiles y eclesiásticas; ascenso en la vida social; conservación y protección del modo de vida o del empleo y de todo lo que sea legítimo. Protección contra los que nos quieren arrebatar lo que es nuestro.

La esencia de su programa es:

LEGITIMIDAD. Y esta cualidad es la que más sobresaldrá durante toda la vida del individuo que haya nacido bajo su influencia.

Clave: *Misericordia de Dios y larga vida* [1].

---

[1] Para más información sobre el tema de los ángeles y la Astrología, véanse mis libros: *Ángeles protectores y Ángeles, las fuerzas ocultas del Universo,* publicados por esta editorial.

PERSONAS CÉLEBRES NACIDAS EN SAGITARIO

- Kim Basinger, 8 -12 1953: actriz y modelo
- Tina Turner, 26-11-1939: cantante y actriz
- David Villa, 03-12-1981, futbolista
- William Armstrong, 26-11-1810: inventor británico
- José Carreras, 5-12-1956: tenor
- Woody Allen, 3-12-1935: actor y director de cine
- Steven Spielberg, 18-12-1947, director de cine
- Alfonso XII, 28-11-1957: rey de España
- Anna Freud, 03-12-1895: psicóloga
- Francisco I, 17-12-1936: Papa de Iglesia Católica

TALISMANES

Los amuletos o talismanes de Sagitario deben fabricarse con todos o parte de los elementos relacionados con el signo. En particular, con las gemas, los metales y los colores. Por ejemplo:

Las gemas de la suerte de Sagitario son la turquesa y la turquenita. El metal es el estaño. Así pues, se pueden fabricar amuletos con estos elementos y llevarlos encima, bien la piedra o metal a secas en un bolsillo o bien como colgante, llavero, etc. También se puede hacer una bolsita del color del signo, poner todos estos elementos dentro y llevarlo como amuleto.

El color de Sagitario es el azul. Por tanto, todo lo que sea de color azul también favorecerá al nativo, ya sea ropas o cosas que destaquen este color.

El día de la semana en el que tendrá especialmente suerte será el jueves. En este día puede comenzar todo tipo de proyectos y acontecimientos en los que quiera tener un efecto favorable, siempre que no sea para perjudicar al prójimo, claro está.

Sus números de la suerte son el 3 y el 9 y todos sus múltiplos.

Hay que tener en cuenta que un amuleto por sí solo no sirve para nada si no le acompaña una actitud positiva y favorable del individuo y un deseo de avanzar en un camino altruista y benevolente hacia los demás. De esta forma, atraerá a su vida las energías favorables procedentes de las entidades espirituales que operan en Sagitario.

OTROS TÍTULOS PUBLICADOS POR ESTA EDITORIAL

LA ESENCIA DE LOS DOCE SIGNOS DEL ZODIACO

Un libro esencial para conocernos a nosotros mismos mediante un estudio completo de cada signo del Zodiaco

ÁNGELES, LAS FUERZAS OCULTAS DEL UNIVERSO

Un estudio completo sobre la importancia de los ángeles en el Universo y en nuestra vida cotidiana, donde se dan a conocer sus nombres y sus funciones específicas.

EL MENSAJE OCULTO DE LOS ASTROS

Un manual completo de Astrología, tanto para el principiante como para el astrólogo avanzado. Extensa interpretación astrológica, y, además, se adentra en el tema de las Sinastrías, la Astrología médica y la Parte de la Fortuna, con muchos ejemplos interesantes.

CÓMO LEVANTAR UNA CARTA ASTRAL, Manual para principiantes.

Un manual para cualquier estudiante: sencillo, ameno y directo, donde se facilita al lector un guión para levantar cartas astrales e interpretarlas.

CÓMO INTERPRETAR UN HORÓSCOPO SIN AYUDA DE NADIE

Enseñanzas básicas para interpretar un horóscopo. Aprenda lo más necesario de su carta astral sin necesidad de hacer cursos interminables.

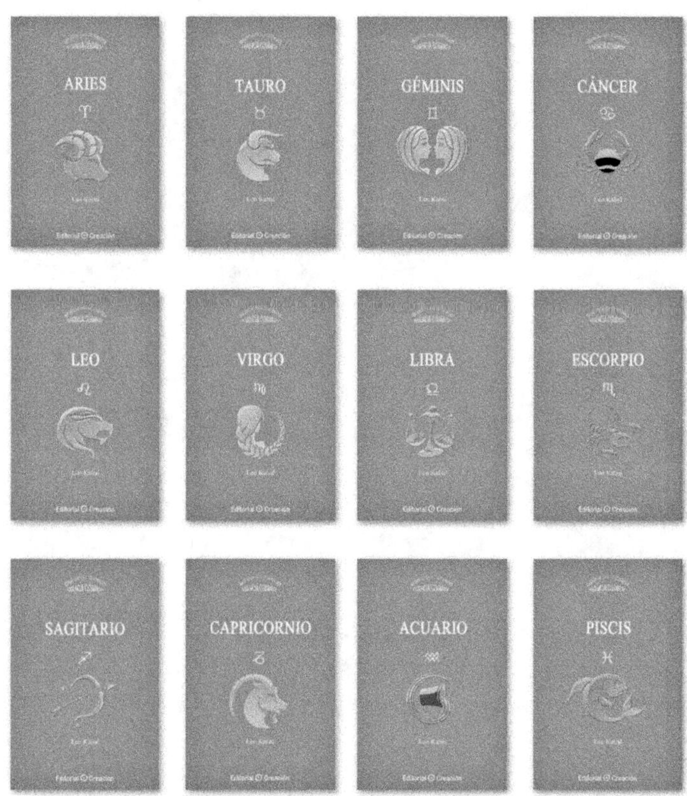

LOS 12 SIGNOS DEL ZODIACO
(ESENCIA CÓSMICA)

Una colección esencial, con un estudio
completo de cada signo: personalidadad, afinidades
e incompatibilidades en al amor, salud, trabajo, ángeles
y fuerzas de los astros, etc.

9 788415 676348